글 에버랜드 동물원

에버랜드 동물원은 1976년 문을 연 이래로, 수많은 사람들이 동물들과의 교감을 통해 잊지 못할 즐거움과 감동을 얻는 생태 교육장으로서의 역할을 해 왔다. 에버랜드 동물원에는 탐험 차량을 타고 다니며 기린, 코끼리 등의 초식 동물과 사자, 호랑이 등의 맹수 동물을 만날 수 있는 로스트밸리와 사파리월드를 비롯해, 세계적인 멸종 위기 동물인 자이언트판다, 레서판다를 만날 수 있는 판다월드, 알버트 스페이스 센터, 타이거밸리, 뿌빠타운 등이 있다. 동물원 사육사들은 이곳에 살고 있는 동물들이 건강하게 잘 지낼 수 있도록 온 정성을 다해 동물들을 보살핀다.
이러한 노력의 결실로 에버랜드 동물원은 2019년 아시아 최초로 미국동물원수족관협회(AZA)의 정회원으로 국제 인증을 받았으며, 이후에도 동물과 사람이 함께 행복한 동물원이 되도록 사육 기술 및 환경 개선을 위해 끊임없이 노력하고 있다. 이 책을 통해 동물에 대한 생태 정보뿐 아니라, 동물들과 사육사 사이의 우정과 사랑 가운데 펼쳐지는 동물원의 일상의 모습이 잘 전해지기를 바라는 마음이다.

그림 최미란

대학에서 산업디자인과 일러스트레이션을 공부하고, 일러스트레이터로 활동하고 있다. 《집 잘 가꾸는 법》을 쓰고 그렸고,
《수리수리 셈도사 수리》, 《간디의 법 교실》, 《백년 묵은 고양이 요무》, 《글자 동물원》, 《쉬는 시간에 똥 싸기 싫어》,
《겁보 만보》, 《무적 말숙》, 《슈퍼히어로의 똥 닦는 법》 등에 그림을 그렸다.

우적우적 고기 먹는 동물

초판 1쇄 인쇄일 2022년 5월 11일
초판 1쇄 발행일 2022년 5월 25일

글 에버랜드 동물원 **그림** 최미란

발행인 윤호권
사업총괄 정유한 **편집** 박보영(서보현) **디자인** 박준렬, 김주휘 **마케팅** 전지혜
발행처 (주)시공사 **주소** 서울시 성동구 상원1길 22, 6-8층(우편번호 04779)
대표전화 02-3486-6877 **팩스(주문)** 02-585-1247
홈페이지 www.sigongsa.com / www.sigongjunior.com

글 ⓒ 에버랜드 동물원, 2022 | 그림 ⓒ 최미란, 2022

이 책의 출판권은 (주)시공사에 있습니다. 저작권법에 의해 한국 내에서 보호를 받는 저작물이므로 무단 전재와 무단 복제를 금합니다.
ISBN 979-11-6579-980-9 77490 ISBN 979-11-6579-102-5(세트)

*시공사는 시공간을 넘는 무한한 콘텐츠 세상을 만듭니다.
*시공사는 더 나은 내일을 함께 만들 여러분의 소중한 의견을 기다립니다.
*잘못 만들어진 책은 구입하신 곳에서 바꾸어 드립니다.

일러두기
1. 에버랜드 동물원의 로스트밸리와 타이거밸리, 사파리월드에서 만날 수 있는 동물들을 중심으로 구성했습니다.
2. 동물에게 붙여진 이름, 사육사 에피소드는 에버랜드 동물원의 실제 이야기를 바탕으로 꾸몄습니다.
3. 동물의 모습을 담은 에버랜드 동물원의 다양한 영상을 QR코드를 통해 만날 수 있습니다.
4. 동물에 대한 부가 설명이나 팁은 '애니멀 톡' 박스 안에 담았습니다.

네버랜드 동물원

우적우적
고기 먹는 동물

에버랜드 동물원 글
최미란 그림

시공주니어

 고기를 좋아하는 동물들을 만나요!

아름답지만 거친 자연 속에서 여러 동식물은 조화롭게 살아가요.
고기를 먹는 육식 동물들은 날카로운 이빨과 발톱 등이 있어 초식 동물보다
야생에서 살기 쉬워 보이지만, 여러 경쟁자들 틈에서 먹잇감을 구하는 것은 쉽지 않지요.
그래서 육식 동물들은 다양한 방법으로 자신의 영역을 지키고,
호시탐탐 먹이를 구할 기회를 노린답니다.

 목차

초원의 왕 **사자**

숲의 왕 **호랑이**

세상에서 제일 빠른 동물, **치타**

동물원 신문 : 고양잇과 동물들의 이모저모를 살펴보자!

커다란 **불곰**

별난 **점박이하이에나**

동물원 인터뷰 : 건강이 최고야!

사막의 파수꾼 **미어캣**

작고 귀여운 **사막여우**

동물들이 원래 살던 곳은 어디일까?
알면 알수록 다양한 고기 먹는 동물들

동물원 가족들

동물원 사람들은 동물들이 행복하고 건강하게 지낼 수 있도록 보이지 않는 곳에서 늘 노력해요.

- 우리는 사육사예요. 사나워 보이지만 귀엽기도 한 동물들 이야기를 들려줄게요.
- 나는 수의사예요. 동물들이 아프거나 불편한 곳은 없는지 늘 신경 쓰고 있지요.
- 나는 영양사예요. 신선하고 영양가 있는 먹이를 제공하기 위해 노력한답니다.
- 우리는 동물사랑단! 사랑하는 동물들에 대해 더 알고 싶어요!

동물원 에티켓

① **정해진 먹이 외에 다른 음식물은 주지 않아요.**
잘못하면 동물들이 병에 걸릴 수 있어요.

② **반려동물과 함께 동물원에 들어올 수 없어요.**
반려동물이 걸린 전염병이 옮을 수 있어요.

③ **소리에 민감한 동물을 만날 때는 조용히 해요.**
유리창 두드리는 소리는 동물들을 불안하게 한답니다.

④ **동물이 지내는 공간에 물건을 함부로 던지지 않아요.**
동물들이 다칠 수 있으니 절대로 안 돼요.

⑤ **동물들을 흥분하게 하거나 놀라게 하지 말아요.**
카메라의 셔터 소리, 번쩍이는 플래시, 갑자기 움직이는 행동은 동물을 긴장하게 만들어요.

⑥ **동물이 자고 있다고 화내거나 일부러 깨우면 안 돼요.**
밤에 활동하는 동물들이 낮에 자는 건 당연한 거예요.

⑦ **만나고 싶었던 동물을 보지 못해도 슬퍼하지 말아요.**
기후에 민감한 동물은 날씨에 따라 장소를 바꿔 줘요.

초원의 왕 사자

아프리카 초원에 사는 사자는 평소에는 느긋해요. 하지만 날카로운 이빨과 발톱을 드러내며 싸우는 모습을 보면 '초원의 왕'이라 할 만하지요.

털은 황갈색 또는 회색이며 짧다.

꼬리 끝의 털송이는 덥수룩하고 검은색이다.

새끼 사자는 몸에 점박이 무늬가 있고, 털송이가 작으며 황갈색이다.

수컷은 갈기가 있고, 암컷은 갈기가 없다.

이건 며느리발톱이라 발자국에는 찍히지 않아.

앞발　뒷발

앞발은 발가락이 5개, 뒷발은 4개인데 앞발이 뒷발보다 크다.

평소엔 접고 있다가

어흥! 화가 나면 이렇게!

갈고리 모양으로 생긴 발톱은 평소에는 속에 숨겨 두었다가 필요하면 꺼낸다.

무리지어 사는 사자

사자와 비슷한 고양잇과 동물들은 대부분 혼자 지내요. 유일하게 무리 생활을 하는 사자가 어떻게 생활하는지 한번 살펴볼까요?

◎ **암사자들의 사냥법**
암사자들은 여러 마리가 함께 사냥해요. 망을 보고, 먹이를 몰고, 옆에서 덮치는 역할을 나누어서 하지요.

◎ **잠꾸러기 사자**
사자는 사냥 나가는 시간을 빼고, 하루에 20시간 정도 자요.

◎ **사자의 무리 구성**
대장 사자인 수사자 한 마리에 암사자와 새끼 사자들이 무리를 이뤄요. 30~70마리까지 모여요.

① 약해 보이는 사냥감을 고른다.

② 먹이를 몰아 무리와 떨어지게 하고 힘을 뺀다.

③ 여럿이 뒤에서 뛰어올라 사냥한다.

◎ **내 땅이야, 내 땅!**

수사자들은 다른 사자들이 들어오지 못하게, 자기 땅에 흔적을 남기며 돌아다녀요.

◎ **사자 어린이집**

암컷들이 사냥을 나간 동안 수컷과 사냥이 서툰 암컷들이 새끼들을 함께 돌봐요.

④ 잡은 먹이는 서열 순서대로 먹는다.

◎ **사자의 울부짖는 소리**

사자는 자기 영역에 아무도 들어오지 말라는 경고의 의미로 큰 소리로 '어흥' 하고 울어요. 이 소리는 소방차의 사이렌 소리만큼 커요.

사자의 동물원 생활

사자는 하루에 생닭 5~6마리를 먹어요. 더운 여름에는 입맛이 떨어져 먹는 양이 조금 줄어들어요.

드물지만, 엄마가 돌보지 않는 아기 사자는 동물용 분유를 먹여 키워요.

동물원에서는 친한 사자들끼리 먹을 수 있게 자리를 정해 두는데, 사자마다 먹는 스타일이 달라요.

사육사들은 아기 사자들에게 고기 먹는 법을 가르치기도 해요.

숲의 왕 호랑이

숲의 왕 호랑이는 빽빽한 나무와 풀 사이를 재빠르게 움직이며 사냥을 해요. 전래 동화 속에도 자주 등장할 만큼 우리에게 친숙한 호랑이를 함께 살펴보아요.

줄무늬가 있어 숲에서 눈에 잘 안 띈다.

뛰어내리거나 오를 때 꼬리로 균형을 잡는다.

나랑은 다르네?

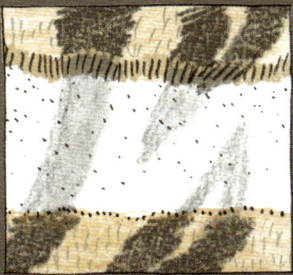

호랑이는 태어날 때부터 줄무늬가 있으며, 털 안쪽의 피부에도 줄무늬가 있다.

호랑이는 몸이 가늘어서 빽빽한 나무 사이를 다니거나 몸을 숨기기에 좋다.

발바닥의 볼록살, '육구' 덕분에 숲에서도 소리 나지 않게 걸어가 사냥감에게 접근할 수 있다. 미끄러운 바닥을 걸을 때도 좋으며, 뛸 때 충격도 줄여 준다.

혼자 사는 호랑이

호랑이는 혼자 있기를 좋아해요. 짝짓기를 할 때에만 암수 호랑이가 잠시 같이 지낼 뿐, 임신 기간에는 서로 떨어져 지내지요. 암컷 호랑이는 새끼를 3년 정도 키우는데, 이때가 지나면 새끼와도 헤어져 다시 홀로 지낸답니다.

◎ 풀 뜯어 먹는 호랑이

야생의 호랑이는 먹이를 먹다가 털을 함께 먹는 경우가 많아 속이 거북해질 때가 있어요. 그러면 호랑이는 풀을 뜯어 먹는데, 이러면 배 속에서 뭉쳐진 털을 풀과 함께 토할 수 있기 때문이에요. 이것을 '헤어볼'이라고 해요.

◎ 어슬렁어슬렁 호랑이 걷기

호랑이는 같은 쪽의 앞발과 뒷발을 함께 움직이며 걸어요.
걸을 때는 발톱을 발톱집 안에 넣고 걸어, 발자국에 발톱 자국이 없지요.

호랑이의 사냥법

호랑이는 조용히 먹잇감이 가까이 오기를 기다리거나, 소리 내지 않고 가만히 다가가요. 충분히 가까워지면 달려들어 발톱으로 후려치고, 목덜미를 물어 죽여요.

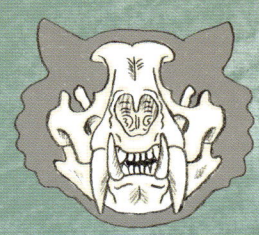

턱의 힘이 세고 송곳니가 커서, 먹잇감을 단번에 해치워요.

호랑이 발자국

수컷은 가로세로의 길이가 비슷하고, 암컷은 발가락 사이가 좁아요.

수컷

어른 남자의 손바닥 크기로 가로세로 길이가 비슷하다.

암컷

수컷보다 크기가 작으며, 오각형 모양에 가깝다.

나는 새도 거뜬히!

호랑이는 다리의 힘이 세서 아주 높이 뛰어오를 수 있어요. 3미터 정도의 높이는 거뜬하게 닿을 수 있기 때문에 날아가는 새도 잡을 수 있어요.

새끼 호랑이가 태어났어요

한국 호랑이, 혹은 시베리아 호랑이라고 불리는 호랑이들은 그 수가 아주 적어요. 그래서 암수 한 쌍의 새끼 호랑이가 태어났을 때 모두들 기뻐해 주었답니다.

누가 누가 어울릴까?

암호랑이가 새끼를 가졌어

   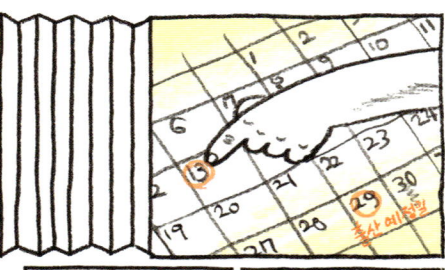

호랑이도 새끼 낳을 땐 떨려

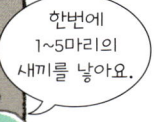

가르칠 땐 엄하게!
엄마 호랑이는 새끼들을 엄하게 키워요. 위험한 곳에 가거나 심한 장난을 치면 혼을 내지요.

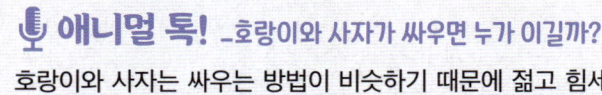

🎤 **애니멀 톡!** _호랑이와 사자가 싸우면 누가 이길까?

호랑이와 사자는 싸우는 방법이 비슷하기 때문에 젊고 힘세고, 덩치가 큰 놈이 이겨요. 하지만 호랑이는 숲에 살고 사자는 초원에 살기 때문에, 둘이 야생에서 만날 일은 없지요.

세상에서 제일 빠른 동물, 치타

치타는 날렵하고 재빠른 달리기 선수예요. 긴 다리를 쭉쭉 뻗으며 달리는 모습은 누가 보아도 감탄할 만큼 멋지지요. '치타'라는 이름은 힌디어에서 비롯되었는데 '점박이'라는 뜻이랍니다.

검은색 털이 눈 주변을 감싸는 모양으로 나 있다.

몸에 비해 얼굴이 작다.

다른 고양잇과 동물들보다 다리가 길다.

사자와 달리 발톱은 늘 밖으로 나와 있는데, 뛸 때 미끄러지지 않게 해 준다.

치타 눈 주변의 검은 털은 햇빛의 반사를 막아 사냥감을 더 잘 볼 수 있게 한다.

등과 목의 뼈가 매우 유연해서, 마치 용수철처럼 몸을 움츠렸다 펴며 달릴 수 있다.

암수 한 쌍

수컷 형제 무리

엄마 치타와 새끼 치타 무리

- 분류 : 고양잇과
- 서식지 : 아프리카
- 먹이 : 각종 동물의 고기류
- 수명 : 15년
- 멸종 위기종

치타가 지내는 모습은 다양하다. 암컷 치타는 주로 혼자 살며, 그 외 여러 가지 형태로 무리를 짓는다.

새끼는 한번에 2~4마리 정도 낳는다.

갓 태어난 새끼는 얼룩무늬가 거의 없고 회색빛의 갈기가 있다. 3개월 정도 지나면 어른 치타와 비슷해진다.

치타는 사자처럼 으르렁거리지는 못하지만, 여러 가지 소리를 내서 자신의 기분을 표현한다.

달리기 솜씨의 비밀

치타는 재빨리 달려가 사냥감을 잡아요. 하지만 기껏해야 200~300미터 정도밖에 달리지 못하지요. 빠른 속도로 계속 달리면 체온이 너무 올라가 죽을 수도 있거든요.

낮에 사냥하는 치타

치타는 다른 맹수들과 달리 낮에 사냥을 해요. 서식지가 사자와 같아서, 밤에 사냥을 하면 사자와 마주칠 수 있기 때문이에요.

혼자서도 잘해요

사육사들은 '클리커'라는 도구를 이용해 치타가 어렸을 때부터 기초 훈련을 시켜요. 클리커 소리를 들으면 스스로 우리에 들어가지요.

엄마 치타는 예민해

혼자서 새끼를 기르는 엄마 치타는 사자나 하이에나 등을 경계하며 작은 일에도 아주 예민해요.

◎ 싸움에 서툰 치타

치타는 비슷한 맹수들 중에 싸움을 제일 못해요. 다치면 달리기가 힘들고, 사냥도 할 수 없어서 싸움 자체를 피해요.

◎ 치타의 사냥법

치타가 사냥에 성공하려면, 사냥감이 알아채지 못하게 최대한 가까이 가야 해요.
오래 달리지 못하기 때문에 사냥감이 일찍 알아채고 도망가면 쫓아갈 수 없어요.

🎤 애니멀 톡! _치타의 달리기 속도는?

치타는 정말 빨라요. 세상에서 제일 빠른 사람이 100미터를 9~10초 사이로 뛰는데, 치타는 3초만에 뛰거든요. 최고 속도인 시속 100킬로미터가 되는 데 3초면 충분한데, 스포츠카가 달리는 속도와 거의 비슷해요.

 네버랜드 동물원 신문   주토피아에서 만나요!

고양잇과 동물들의 이모저모를 살펴보자!

사자와 호랑이, 치타는 모두 같은 고양잇과 동물들이에요. 고양잇과 동물은 육식 동물 중에서 가장 진화한 동물로, 비슷하면서도 조금씩 달라요.

1. 대형 고양이류에는 어떤 동물들이 있을까?

① 재규어
재규어는 아메리카 대륙의 유일한 대형 고양이류예요. 표범과 닮았지만 머리가 크고 몸이 두꺼운 편이며 동작도 느려요. 물가에 자주 머무르며 거북이나 물고기 등을 사냥해서 먹기도 해요.

② 표범
표범은 아프리카와 아시아의 남쪽 초원에 살며, 나무를 아주 잘 타요. 얼룩무늬 덕에 길고 마른 풀 사이에 숨으면 잘 보이지 않지요. 치타보다 몸집이 크지만 움직임이 아주 유연하고 대담해요.

※ 닮은 듯 다른 무늬

고양잇과 동물들 중에는 털가죽에 멋진 무늬가 있는 종류가 많아요. 언뜻 보면 구분하기 힘들지만 자세히 들여다보면 서로 다르답니다.

재규어 　　　　 표범 　　　　 치타 　　　　 퓨마

네버랜드 동물원 신문 　　　　　　　　　　　　　　　　　　　　　　　　　주토피아에서 만나요!

2. 소형 고양이류에는 어떤 동물들이 있을까?

① 스라소니
유럽 및 아시아의 추운 숲 지역에서 살아요. 우리나라에서도 종종 볼 수 있었지요. 호랑이와 많이 닮았지만 몸집이 작고 꼬리가 아주 짧으며 털이 덥수룩해요.

② 오셀롯
아메리카 대륙의 숲이나 초원에서 살아요. 보통 혼자 살지만 짝을 지어 다니기도 해요. 나무를 잘 타며 헤엄도 잘 쳐요. '작은 표범'이라고도 불리지요.

③ 카라칼
아프리카와 중동, 인도의 건조한 지역에 살아요. '검은 귀'라는 뜻의 이름이며 스라소니보다 몸집이 작고 꼬리는 더 길어요.

고양잇과 동물들은 몸이 유연하고 감각이 예민하다옹. 꼬리로 기분을 드러내는 것도, 잠꾸러기인 것도 비슷하다냥!

※ 구름표범
인도네시아 보르네오섬에서 발견된 구름표범은 이름은 표범이지만 표범과는 다른 아주 먼 친척이에요. 숲이 파괴되면서 멸종 위기에 처해 있어요.

커다란 불곰

'곰' 하면 귀염둥이 곰돌이를 생각하기
쉽지만, 사실 곰도 맹수 중 하나예요.
불곰은 곰 중에서도 덩치가 가장 커서
키가 3미터 가까이 되는 녀석도 있답니다.
재주가 많아 사냥도 잘하고, 물고기도 잘 잡고,
열매도 잘 따 먹어요.

몸에 비해 머리가 크다.

어금니가 사람과 비슷하게 생겨서 사람처럼 아무 음식이나 잘 씹어 먹을 수 있다.

길고 굵은 털은 검붉은색이며 피부가 두껍다.

곰의 후각은 개의 후각만큼 좋다고 알려져 있는데, 냄새만으로도
적이나 가족, 먹이가 어디 있는지 알 수 있다.

우아!
엄청 빠르다!

곰은 덩치가 커서 느려 보이지만, 엄청 빨리 뛴다. 속도가 시속 60킬로미터 정도로
어지간한 자동차만큼 속력을 낼 수 있다.

별난 점박이하이에나

하이에나는 만화 영화 등에서 비겁하고 못된 동물로 등장하는 일이 많아요. 하지만 사자에 뒤지지 않을 만큼 싸움도 잘하고 머리도 좋지요. 하이에나에게는 우리가 알지 못하는 아주 특별한 점들이 많아요.

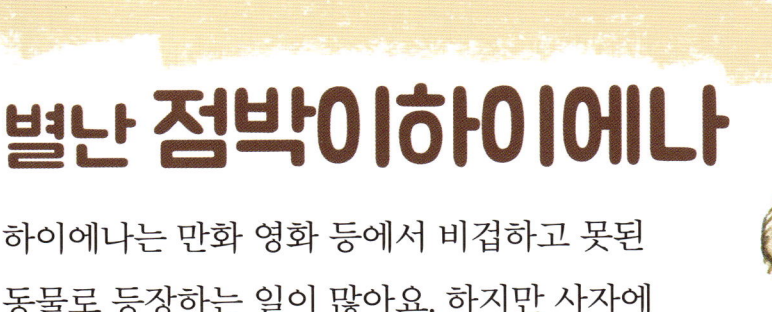

귀는 크고 둥그스름한 모양을 하고 있다.

눈꼬리가 처지고 입 끝이 올라가 있다.

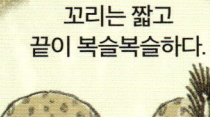

꼬리는 짧고 끝이 복슬복슬하다.

앞다리가 뒷다리보다 길다.

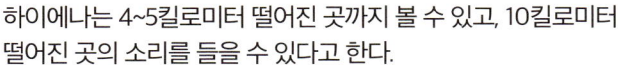

하이에나는 4~5킬로미터 떨어진 곳까지 볼 수 있고, 10킬로미터 떨어진 곳의 소리를 들을 수 있다고 한다.

발바닥도 두꺼워요.

앞뒤 모두 발가락이 4개씩이며, 발톱은 짧고 뭉툭하지만 매우 튼튼하다.

나무에는 잘 오르지 못한단다.

몰려다니는 하이에나

점박이하이에나는 떼를 지어 몰려다녀요.
사자나 호랑이처럼 날카로운 송곳니나 발톱이
있는 것도 아니고, 치타처럼 빠르지도 않지만
여럿이 모여 있기 때문에 무시무시해진답니다.

◎ 암컷이 더 큰 하이에나

하이에나는 암컷이 수컷보다 더 크고 사나워요. 그래서 무리의 우두머리는
암컷이 차지해요. 사냥을 주도하는 것도 암컷들이랍니다.

◎ 하이에나 무리의 서열

암컷 새끼 하이에나는 엄마 하이에나의 지위를 물려받아요. 그래서 지위가 낮은
암컷들의 새끼는 살아남기 힘들어요.

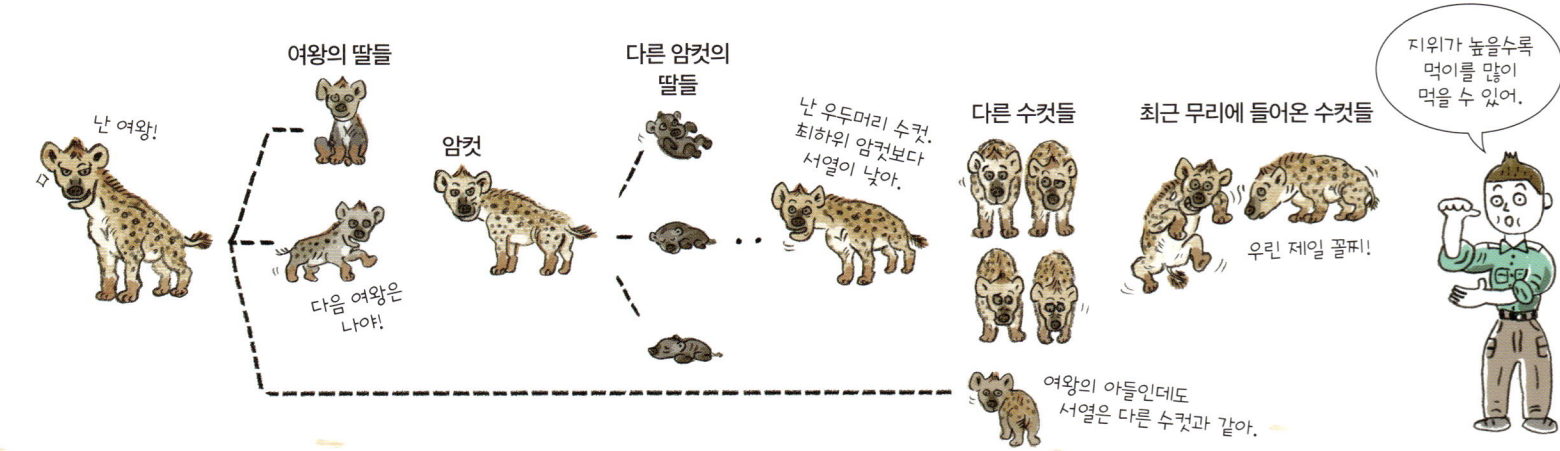

◎ 점박이하이에나의 사냥법

점박이하이에나는 떼를 지어 사냥을 해요. 발톱이 날카롭지 않아 먹잇감에 매달릴 수 없지만, 다친 먹잇감이 쓰러질 때까지 몇 시간이나 같은 곳을 물고 또 물어요. 하지만 이렇게 잡은 먹이를 사자에게 빼앗기기도 해요.

◎ 수다 떠는 하이에나

하이에나 무리는 수가 많고 관계가 복잡한데 소리로 이야기를 나누어요. 무리가 클수록 소리의 종류가 많아요.

친해지면 애교가 많아요

하이에나는 몸집이 큰 동물을 경계하기 때문에 처음에는 사육사도 피해요. 하지만 일단 친해지면, 무척 따르지요.

희망이와 극복이가 태어났어요

먹이 주기가 까다로워요

하이에나는 먹이를 먹다가 싸우기도 하고, 서로 빼앗아 먹기도 하기 때문에 주의해서 먹이를 줘야 해요.

🎤 애니멀 톡! _다양한 하이에나들

하이에나에는 네 종류가 있으며 덩치도, 먹이도, 사냥하는 방식도 조금씩 달라요.

점박이하이에나　갈색하이에나　줄무늬하이에나　땅늑대

동물원 인터뷰

1. 메디컬 트레이닝이란?

마취 주사를 놓지 않고 쉽게 동물들의 몸을 살펴보기 위해 하는 훈련이랍니다.

클리커 청각 신호용 도구예요.
휘슬 이리 와, 잘했어 등의 신호를 줄 때 써요.
미트 스틱 간식을 줄 때 써요.
타깃봉 움직일 방향을 알려 줘요.

스스로 저울 위에 올라가거나, 일어서서 키를 잴 수 있게 하면 상으로 간식을 줘요.

건강이 최고야!

사육사들이 가장 걱정하는 부분은 바로 동물들의 건강이에요. 아프거나 불편한 부분은 없는지 늘 주의를 기울여 살피지요.

신호를 보고 스스로 입을 벌리도록 훈련해요.

특정한 곳에 눈을 갖다 대도록 훈련해요.

주사에 익숙해지게 서서히 적응시켜요.

사육사가 부르면 꼬리를 내밀도록 훈련해요.

손으로 꼬리를 주물러 약한 자극을 줘요.

주사기와 비슷한 막대로 꼬리를 꾹꾹 찔러요.

잘 참으면 상으로 간식을 줘요.

훈련을 마치면 주사를 쉽게 놓을 수 있지요.

2. 치료는 신속하게!

사나운 동물의 경우, 다치거나 아픈 것을 확인하면 마취를 하고 치료를 해요.
마취 시간이 길면 동물의 건강에 좋지 않아, 마취약을 최소로 쓰고 치료를 서둘러요.

3. 의사 선생님은 무서워!

동물들은 먹이를 주는 사육사와 수의사를 구분해요. 대부분은 수의사를 경계하며, 때로는 공격하려는 녀석들도 있지요. 그래서 치료할 때면 사육사가 앞장서서 동물들을 진정시키고, 수의사는 사육사 뒤에서 천천히 접근해요.

사막의 파수꾼 미어캣

미어캣은 더운 사막에서 여럿이 모여 살아요.
뜨거운 햇볕을 쬐면서 몸을 발딱 세워
이리저리 기웃거리는 모습은 정말 귀여워요.
'사막의 파수꾼'인 미어캣은 파수 말고도
다양한 재주가 있답니다.

머리는 넓적하고 둥근 모양이며 코가 뾰족하다. 눈과 눈 사이가 좁다.

눈이 좋은 편이라 먼 곳까지 볼 수 있는데, 눈 주변의 검은 털이 햇빛의 반사를 막을 수 있다.

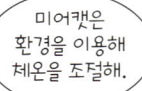

더울 때면 땅속에 들어가거나 차가운 바위에 몸을 붙이고, 추워지면 햇볕을 쬐어 체온을 올린다.

미어캣의 눈에는 얇고 투명한 막이 있는데, 자동차 앞 유리창의 와이퍼와 같은 역할을 한다. 그래서 눈을 깜빡이면 모래가 제거된다.

미어캣의 집에 놀러 오세요

미어캣의 땅속 집은 낮에는 시원하고 밤에는 따뜻해서 살기에 아주 좋아요. 미어캣은 여럿이 모여 함께 일하고 새끼들을 기르며 살아요.

◎ **여왕님을 따르라!**

미어캣은 꿀벌이나 개미처럼 무리를 이루어요. 여왕만 새끼를 낳고 나머지 암컷은 유모 역할을 하며, 수컷은 무리를 지키고 먹이를 구해요.

◎ **미어캣의 집**

미어캣의 집은 가로로 약 5미터 정도 되며 지하 2층, 3층으로 나뉘어 있고 10개가 넘는 입구가 있어요. 무리의 넓은 영역 안에 이런 모양의 굴을 여러 개 파 놓고, 상황에 따라 이 굴, 저 굴로 옮겨 다니며 살아요.

◉ 앞발을 자유자재로!

미어캣은 앞발을 잘 써요. 귀뚜라미나 밀웜 같은 간식을 피딩볼에 넣어 주면 발톱을 포크처럼 쓰거나, 젓가락처럼 모아 꺼내 먹어요. 사육사의 신발 끈을 손으로 긁고, 당기기도 하지요.

◉ 꼬리로 균형 잡기

미어캣은 꼬리가 매우 긴데, 몸의 균형을 잡거나 감정을 나타낼 때 써요.

◉ 냄새 잘 맡는 미어캣

미어캣은 후각이 아주 좋아서, 멀리 있는 것은 물론이고 땅속에 무엇이 있는지도 냄새로 알아내요.

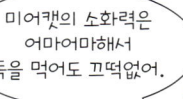

◉ 무엇이든 꿀꺽!

미어캣의 먹이인 곤충, 전갈, 거미, 쥐 중에는 껍질이 딱딱하고 독이 있는 것이 많아요. 하지만 무엇이든 거뜬하게 소화해 내지요. 또 물을 따로 마시지 않아도 먹이를 통해 섭취할 수 있어요.

🎤 애니멀 톡! _미어캣과 몽구스

미어캣과 몽구스는 많이 닮았어요. 둘 다 몽구스과의 동물이거든요. 눈 주위에 검은 털이 있으면 미어캣, 몸집이 크고 눈 주위에 검은 털이 없으면 몽구스예요. 또 미어캣은 무리 지어 살고, 몽구스는 혼자 살지요. 몽구스는 흔히 뱀의 천적으로 알려져 있어요.

작고 귀여운 사막여우

사막여우는 이름처럼 사막에서 살아요.
주변의 환경은 험하고 척박하지만, 사막여우는 아주 귀엽지요.
하지만 이 귀여운 얼굴 뒤에 놀라운 재주들이 숨겨져 있답니다.

귀는 얼굴에 비해 크며 안쪽에 털이 있어서 모래바람을 막아 준다.

수컷이 암컷보다 조금 더 크다.

연한 모래색의 빽빽하고 부드러운 털은 태양빛을 반사해 더위를 막아 주고, 사막의 밤 추위도 막아 준다.

발바닥에 털이 수북하게 나 있다. 그래서 모래 위를 걸을 때 발이 푹푹 빠지지 않고, 뜨거운 모래를 밟아도 발바닥에 화상을 입지 않는다.

오순도순 살아요

사막여우는 작은 무리를 이루어 살아요.
수컷 우두머리와 그 짝꿍인 암컷을 중심으로
새끼와 그 형제들이 함께 모여 사는 경우가 많지요.
수컷이 새끼와 짝을 지킬 때는 평소와 달리
매우 사나워진답니다.

위로 60~70센티미터 정도는 뛰어오를 수 있을 정도로 잘 뛰어요.

자랄수록 털이 노래지고 귀가 쫑긋 서!

새끼 사막여우는 털 색깔이 하얗다가 자라면서 조금씩 모래색으로 변해요.

◎ 굴 파기 선수

사막여우는 땅속에 굴을 파서 집을 지어요. 단단한 땅에는 입구가 여러 개 있는 큰 집을, 모래땅에는 단순한 모양의 집을 짓지요. 굴 파는 속도가 매우 빨라서, 적이 나타나면 순식간에 모래 속으로 사라지기도 해요.

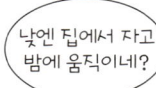 낮엔 집에서 자고 밤에 움직이네?

 낮엔 너무 더워서 그런가 봐.

동물들이 원래 살던 곳은 어디일까?

지금까지 만난 고기 먹는 동물들의 고향은 어디인지 지도에서 찾아보아요.

불곰

호랑이

아시아

유럽

사막여우

사자

아프리카

점박이하이에나

치타

미어캣

- 사자 : 아프리카 전역, 인도
- 호랑이 : 아시아의 한대~열대 지방
- 치타 : 아프리카
- 불곰 : 한국, 중국, 시베리아, 일본
- 점박이하이에나 : 아프리카 사하라 사막 남쪽
- 미어캣 : 아프리카 남쪽
- 사막여우 : 아프리카 북쪽

오스트레일리아

태평양

알면 알수록 다양한 고기 먹는 동물들

고기를 먹는 동물들은 이빨과 발톱 등이 날카롭고 행동이 빨라요. 미처 소개하지 못한 고기 먹는 동물들을 만나 봐요.

회색늑대 : 북아메리카와 유럽, 아시아 등지에서 살며 무리를 지어 사냥해요.

백상아리 : 열대 및 한대 바다에서 살며 날카로운 이빨과 강한 턱 힘으로 사냥해요. 바다사자나 고래 등을 먹어요.

수리부엉이 : 우리나라에서 살며 꿩, 산토끼 등을 먹어요. 부리와 발톱이 날카로워요.

점박이물범 : 우리나라에서 볼 수 있어요. 물고기, 오징어 등을 먹고 살아요.

비단구렁이 : 아시아, 유럽, 호주 등지에서 볼 수 있어요. 먹잇감을 온몸으로 감아 질식시켜서 한입에 삼켜요.

리카온 : '아프리카들개'라고도 해요. 몸집이 작고 생김새가 늑대와 비슷하며, 무리를 지어 사냥해요.